BEI GRIN MACHT SICH IHR WISSEN BEZAHLT

AF153482

- Wir veröffentlichen Ihre Hausarbeit, Bachelor- und Masterarbeit

- Ihr eigenes eBook und Buch - weltweit in allen wichtigen Shops

- Verdienen Sie an jedem Verkauf

Jetzt bei www.GRIN.com hochladen und kostenlos publizieren

Rehabilitationspsychologie und das Salutogenese-Modell von Aaron Antonovsky

Bibliografische Information der Deutschen Nationalbibliothek:

Die Deutsche Nationalbibliothek verzeichnet diese Publikation in der Deutschen Nationalbibliografie; detaillierte bibliografische Daten sind im Internet über http://dnb.d-nb.de abrufbar.

ISBN: 9783346728609
Dieses Buch ist auch als E-Book erhältlich.

Druck und Bindung: Books on Demand GmbH, Norderstedt Germany
Gedruckt auf säurefreiem Papier aus verantwortungsvollen Quellen

Das vorliegende Werk wurde sorgfältig erarbeitet. Dennoch übernehmen Autoren und Verlag für die Richtigkeit von Angaben, Hinweisen, Links und Ratschlägen sowie eventuelle Druckfehler keine Haftung.

Das Buch bei GRIN: https://www.grin.com/document/1273727

Einsendeaufgaben

A1-A3

Alternative A- Einführung in die Rehabilitationspsychologie

abgegeben am 22.11. 2018

SRH Fernhochschule

Modul: Einführung in die Rehabilitationspsychologie

Studiengang: B. Sc. Psychologie

Inhaltsverzeichnis

Abkürzungsverzeichnis

BAuA	Bundesanstalt für Arbeitsschutz und Arbeitsmedizin, Dortmund
BBPL	Besondere Berufliche Problemlage
BDP	Berufsverband Deutscher Psychologinnen und Psychologen, Berlin
BFW	Berufsförderungswerk
BMBF	Bundesministerium für Bildung und Forschung, Berlin
DFG	Deutsche Forschungsgemeinschaft, Bonn
DGP	Deutsche Gesellschaft für Psychologie, Berlin
DGRW	Deutsche Gesellschaft für Rehabilitationswissenschaften, Bielefeld
DRV	Deutsche Rentenversicherung Bund, Berlin
DSM-IV	Diagnostic and Statistical Manual of Mental Disorders, Version IV
HEDE	Health-Ease-Dis- Ease
ICD-10	International Classification of Diseases and Relat Related Health Problems, Version 10
ICF	International Classification of Functioning, Disability and Health
LTA	Leistungen zur Teilhabe am Arbeitsleben
MBOR	Medizinisch- Beruflich-orientierte Rehabilitation
MHH	Medizinische Hochschule in Hannover
Mimi	Mit Migranten für Migranten
Reha	Rehabilitation
REHADAT	Rehabilitationswissenschaftliche Datenbank
RTW-Prozess	Return to Work-Prozess
SGB	Sozialgesetzbuch, Stand 01.01.2018
SOC	Sense of coherence / Kohärenzsinn

Abbildungsverzeichnis

Teilaufgabe -A1

1.1 Das Salutogenese Modell von Aron Antonovsky

Nicht jeder, der Stress oder belastenden Lebenssituationen ausgesetzt ist, erkrankt. Diese Tatsache beschäftigte, den israelischen Medizinsoziologen, Aron Antonovsky, der durch ein Forschungsprojekt, den Einfluss der Menopause bei Frauen auf die psychische Gesundheit untersuchte. Er verglich dabei Frauen aus Mitteleuropa, die während der nationalsozialistischen Zeit in Konzentrationslagern untergebracht waren, und solche, die nicht dort deportiert waren. Es verblüffte ihn festzustellen, dass ein Drittel, der Überlebenden des Holocaust, sich gesund fühlten, trotz der extremen Erfahrungen, die sie dadurch machten. Diese Feststellung veranlasste Antonovsky sich die Frage zu stellen: Warum einige Menschen es schafften, trotz kritischer Lebensereignisse und vieler Stressoren, gesund zu bleiben? Worauf er mit der Konzeptionierung seiner salutogenetische Theorie begann (Reimann, 2006, S.14).

Antonovsky führte mit dem Begriff der Salutogenese nicht nur einen Neologismus, als Gegenstück, zur Pathogenese ein, sondern er setzte auch, als Erster, dem pathogenetischen Modell, eine ausführlich beschriebene salutogenetische Theorie entgegen. Die Pathogenese stützt ihre Aufmerksamkeit rein auf die Pathologie, deren Entstehung, Symptombeschreibung und Bekämpfung, und betrachtet Gesundheit und Krankheit als dichotom. Das heißt, sie grenzt die beiden Zustände künstlich voneinander ab. Ein Mensch ist demnach gesund oder krank (Wolf-Kühn; Morfeld, 2016, S.13). Nach Antonovsky (1997, S.23) vernachlässigt der pathogenetische Gedanke die tatsächliche Ätiologie und verfügt über eine eingeschränkte Sichtweise. Die Kritik und das Entgegensetzen der salutogenetischen Theorie, ist jedoch nicht als Ablehnung des schulmedizinischen Denkens zu verstehen, sondern soll als komplementäre Orientierung beider Ansätze dienen (Antonovsky, 1997, S.30). Der salutogenetische Ansatz betrachtet Gesundheit und Krankheit nicht als statische Zustände, sondern vertritt die Auffassung, dass solange Menschen leben, es immer gesunde und kranke Anteile in ihnen geben wird. Antonovsky beschreibt Gesundheit und Krankheit daher als zwei Extrempole, die durch ein Kontinuum miteinander verbunden sind, auf dem Menschen, über ihre gesamte Lebensspanne hinweg, ständig die Position wechseln (Faltermaier, 2009, S.51).

Antonovsky beschreibt dies als *Health-ease-dis-ease-Kontinuum* (HEDE-Kontinuum). Die Dimension *helath-ease* wird als völlige Gesundheit und Wohlgefühl definiert und *dis-ease* als Krankheit und Unwohlsein. In welche Richtung die Verschiebung auf dem HEDE- Kontinuum geht, wird durch die Qualität der Risikofaktoren, durch personale und soziale Schutzfaktoren sowie durch Ressourcen bestimmt (Reimann, 2006, S.14). Wie in Abbildung 1 dargestellt, sind nicht allein die Stressoren, die physiologische Spannungszustände herbeiführen können und denen ein Mensch ausgesetzt sein kann, entscheidend, sondern auch die generellen Widerstandsressourcen, über die ein Mensch verfügt, um mit allen Widrigkeiten des Lebens umgehen zu können. Die Widerstandsressourcen sind als weitere wesentliche Komponente des salutogenetischen Ansatzes zu nennen und sind individuelle, personale Ressourcen, wie z.B. Intelligenz oder körperliche Konstitution, die eine individuelle Bewertung und Bewältigung von Situationen oder Ereignissen im Leben ermöglichen. Ebenso zählen soziale Ressourcen, wie z.B. soziale Vernetzung und soziale Unterstützung dazu, um einem Individuum Stabilität innerhalb seines Umfeldes zu verleihen (Altgeld; Kolip, 2017, S.46).

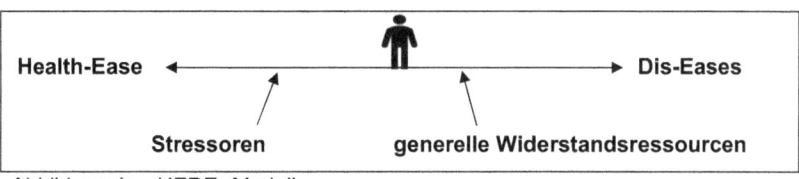

Abbildung 1:   HEDE- Modell
(Quelle: Eigene Darstellung)

Die Hauptdeterminante des Salutogenese Modells ist jedoch der Kohärenzsinn (SOC), den Antonovsky (1997, S.184) als Grundhaltung, die Welt als zusammenhängend, strukturiert und sinnvoll zu erleben, beschreibt. Diese kohärente Einstellung entsteht durch eine Balance von stimmigen Erfahrungen, die ein Mensch erfährt und wird als personale Bewältigung angesehen, die den Menschen widerstandsfähiger macht und die Position auf dem HEDE-Kontinuum bestimmt. Je höher der SOC bei einer Person ausgeprägt ist, desto schneller wird eine Genesung bei Krankheit erwartet oder die Fähigkeit verstanden, sich mehr in Richtung des gesunden Pols zu bewegen. Je schwächer der SOC ist, desto stärker wird die Tendenz in Richtung Krankheit ausfallen. Der SOC hat somit eine steuernde Funktion und bestimmt, je nach Ausprägungsgrad, den angemessenen Einsatz der generalisierten Widerstandsressourcen und die Regulierung von Spannungszuständen des Organismus, die durch Stressoren ausgelöst werden (Antonovsky, 1997, S.184). Der SOC kann mittels eines Fragebogens, der von Antonovsky 1987 konzipierten wurde, ermittelt werden (Antonovsky, 1997, S.191).

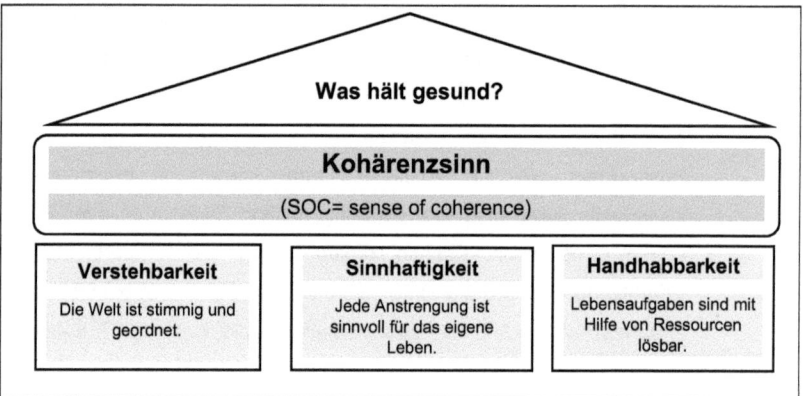

Abbildung 2: Definition des Kohärenzsinn
(Quelle: Eigene Darstellung)

Die Bedeutung des SOC wird, wie in Abbildung 2 dargestellt, durch drei Komponenten definiert. Die kognitive Komponente der *Verstehbarkeit* beschreibt die Erwartungshaltung, dass ein Mensch sein Inneres und seine Umwelt als geordnet, konsistent und strukturiert wahrnimmt und verarbeiten kann. Die *Handhabbarkeit* beschreibt das Vertrauen eines Menschen sich selbstbewusst und sicher gegen aufkommende Schwierigkeiten des Lebens, entgegenzustellen und diese lösen zu können. Die *Sinnhaftigkeit* wird als motivationale Komponente beschrieben, die die Überzeugung eines Menschen meint, die vom Leben gestellten Herausforderungen mit vollem Engagement anzugehen und es wert sind Energie einzusetzen (Reimann, 2006 S.15-16). Um den Entwicklungsprozess des SOC jedoch ganz zu verstehen, ist, nach Antonovsky (1997, S.121), noch eine Menge empirischer Forschung notwendig.

1.2 Salutogenese in der Rehabilitation

Die Autoren Wolf-Kühn und Morfeld (2016, S.14) begrüßen das salutogenetische Modell von Antonovsky als eine „reichere Sichtweise auf Gesundheit und Krankheit mit weitreichenden praktischen Konsequenzen auch für die Rehabilitation." Antonovsky (1997, S.118-119) postuliert jedoch, dass ohne eine radikale Veränderung der institutionellen und sozialen Settings, wie z.b. in der Rehabilitation, die die Lebenserfahrung von den Rehabilitanden prägen, es unrealistisch ist, anzunehmen, dass der SOC sich alleinig durch eine oder mehrere Begegnungen, signifikant, verändern wird. Um die Modifikation nicht nur temporär zu beeinflussen, sieht Antonovsky die einzige Möglichkeit darin, eine einschneidende und bedeutsame Veränderung im SOC zu erwirken, dass das Setting und die therapeutischen Maßnahmen in einem realen Umfeld stattfinden und durch strategisch- therapeutische Interventionen ergänzt werden. Damit erhalten die Rehabilitanden die Möglichkeit ihre „Erfahrungen neu zu interpretieren, und zwar dadurch, daß [...] ihnen das Rüstzeug an die Hand [gegeben wird], innerhalb ihres Lebensbereichs etwas ausfindig zu machen, was [Antonovsky] SOC- verbessernde Erfahrungen [nennt]." (Antonovsky,1997, S.119).

1.3 Mögliche Anwendungen in einem Reha-Setting

Im Rahmen der beruflich-tertiären Prävention besteht für den Rehabilitand ein gesetzlicher Anspruch auf Leistungen zur Teilhabe am Arbeitsleben (LTA), die im Sozialgesetzbuch IX, in den §§49-63 geregelt sind, und diesem, trotz vorliegender Krankheit oder Behinderung, eine berufliche Tätigkeit ermöglichen. Die Maßnahme kann z.b. in einem Berufsförderungswerk (BFW), das durch überregionale Dienstleistungsunternehmen bundesweit mit ca.15.000 Plätzen und 180 Bildungsgängen mit anerkannten Abschlüssen, erfolgen. Die Zielgruppen sind erwachsene Rehabilitanden, die bereits berufstätig waren und aufgrund von Krankheit, Unfall oder Behinderung, ihre bisherige Tätigkeit nicht mehr ausüben können. Das Ziel ist, den Rehabilitanden durch die Qualifizierung im BFW, in den ersten Arbeitsmarkt wieder zu integrieren (Watzke, 2006, S.270). Die Begriffe Rehabilitation, Wiederherstellung oder Wiedereingliederung sowie Reintegration werden von einigen Akteuren kritisiert, da sie einen Rehabilitanden als ausgegliedert behandeln, der wiederhergestellt, wiedereingegliedert und reintegriert werden muss, dass sich auch in der Gestaltung des Settings des

BWR wiederspiegelt. Obwohl das BWF versucht eine praxis- und realitätsnahe Umgebung für den Rehabilitanden zu gestalten, läuft das Setting in einem künstlichen Rahmen ab (Watzke, 2006, S.271-274). Nämlich, innerhalb des Förderungswerkes, isoliert von der eigentlichen Gesellschaft, gepaart mit Gleichgesinnten, mit häufig nicht sehr fordernden oder gar monotonen Aufgaben, wonach die kognitive-, die motivationale- sowie die sinnhafte Komponente des SOC wenig positiv beeinflusst wird.

Um folglich das salutogenetische Konzept in einem Reha- Setting anzuwenden, sollte es entsprechend umgestaltet werden, indem die Aufmerksamkeit auf die gesunden Anteile des Betroffenen ausgerichtet werden, um durch die Förderung dieser, die Teilhabe am Leben zu sichern und damit das Coping der bestehenden Krankheit zu unterstützen. Die zentrale Frage sollte daher bei allen Verantwortlichen des Settings und in der Arbeit mit dem Rehabilitanden lauten: "Verleitet die Erfahrung den [Betroffenen] dazu, daß er sich in ihr als konsistent erlebt, daß die Belastungen ausgeglichen sind und daß er die Bedeutung versteht?" (Antonovsky, 1997, S.119). Ein Setting, nach Antonovskys Auffassung, sollte in einem Betrieb vor Ort, mit angemessenen Aufgaben und Arbeitsstunden, unter Berücksichtigung der bestehenden Krankheit oder Behinderung, an einem wohnortnahen, realen Arbeitsplatz, mit Kollegen und Vorgesetzten sowie mit einem gerechten Arbeitsentgelt erfolgen, das durch therapeutische Interventionen begleitet werden kann. „Im salutogenetischen Idealfall hat dann der [Rehabilitand] das Gefühl, anerkannt zu sein, etwas zu bewirken, eine sinnvolle Arbeit zu leisten und durch seine Arbeit herausgefordert zu werden (Friczewski, 2000; zitiert nach Ebersberger, 2009, S.4). Es ist wichtig, im Sinne eines „life enrichments" alle Lebenswelten des Rehabilitanden im Setting zu integrieren und dabei alle Ebenen zu berücksichtigen (Linden; Weig, 2009, S.6). Die, durch das Arbeitssetting geschaffene, gesellschaftliche und rechtliche Ebene, wird durch die Arbeitsaufnahme und den Beitrag zur Solidargemeinschaft gedeckt, wodurch der Rehabilitand seine finanziellen und materiellen Ressourcen erwirtschaftet, die ihm seine Existenz sichern. Auf der personalen Ebene finden ressourcenfördernde Therapiemaßnahmen statt, die das Wohlbefinden, die Autonomie, die Selbstfürsorge, psychische Stabilität und die Lebensqualität steigern (Wolf-Kühn; Morfeld 2016, S.50-51). Das aktive

Netzwerkmanagement generiert auf der sozialen Ebene, durch die Integration des Rehabilitanden in die Belegschaft am Arbeitsplatz, in die Gesellschaft sowie im privaten Umfeld, soziale Ressourcen, wie z.b. soziale Unterstützung (Linden; Weig, 2009, S.6). Im Sinne des salutogenetischen Ansatzes sind daher therapeutisch-geführte Interventionen unerlässlich, die dem Betroffenen entsprechende Hilfestellungen und Strategien für belastende Situationen, Konflikte, Probleme oder bei der Krankheitsbewältigung, vermitteln, um SOC-verbessernde Erfahrungen zu sammeln.

Auch wenn therapeutische Kontakte, nach Antonovsky (1997, S.119-118), keine bedeutsame Veränderung des SOC bewirken, nehmen die Begegnungsgestaltungen dieser, wenn auch nur temporär, Einfluss auf den Rehabilitanden und dessen SOC. Daher sollten Therapeuten, aber auch Vorgesetzte, über ein hohes Maß an Empathie und Sozialkompetenz verfügen, um mögliche Schäden und damit eine Abschwächung des SOC, zu vermeiden, dass sich im Setting z.b. durch Demotivation oder mangelnde Compliance gegenüber Maßnahmen zeigen könnte. Grundsätzlich sollte das Ziel des Reha-Settings sein, „Menschen durch Stärkung ihrer Kohärenz zu einer Verbesserung ihrer sozialen und lebenspraktischen Kompetenzen und damit zu mehr Gesundheit und Autonomie zu verhelfen." (Köppel, 2003; zitiert nach Linden; Weig, 2009, S.5). Besonders wichtig ist die Sensibilisierung des Rehabilitanden gegenüber möglichen Stressoren, die zu psychischen und physischen Spannungszuständen führen können. Antonovsky (1997, S.119) nennt hierfür den Ansatz des Stressimpfungstrainings nach Meichenbaum, als präventive Maßnahme, die es einem Individuum ermöglicht sich gegen Stressoren und ihren Auswirkungen schützen zu lernen (Wolf-Kühn; Morfeld, 2016, S.63). Allgemein kann „der salutogenetische Ansatz [jedoch] keine Gewähr für die Problemlösung der komplexen Kreisläufe im menschlichen Leben [darstellen], aber selbst im schlechtesten Fall führt er [bei einem Betroffenen] zu einem tiefergehenden Verständnis und Wissen und damit zu einer Voraussetzung, sich dem gesunden Pol des Kontinuums nähern zu können." (Antonovsky, 1997, S.24).

Teilaufgabe -A2

2.1 Rehabilitationspsychologie innerhalb der Rehabilitation

Die Rehabilitationspsychologie hat sich, als eigenständige Disziplin im Teilgebiet der Klinischen Psychologie sowie in der medizinischen und beruflichen Rehabilitation, etabliert, und laut Statistischem Bundesamt (2014), seit 1970, zu einem wichtigen Arbeitsfeld für ca. 5000 Psychologen in Deutschland entwickelt (Bengel; Mittag, 2016, S.4). Die Grundvoraussetzung für eine Arbeitsaufnahme als Psychologe, ist ein abgeschlossenes Psychologie-Studium an einer Universität oder Hochschule mit einem Diplom oder, nach der neuen Bologna-Reform, einem Bachelor- oder Masterabschluss mit Schwerpunkt in Klinischer-, Rehabilitations- oder Arbeits- und Organisationspsychologie. In der Regel wird ergänzend eine psychotherapeutische Ausbildung bzw. Approbation zum psychologischen Psychotherapeuten gefordert. Je nach Arbeitgeber kann ersatzweise auch eine langjährige Berufserfahrung ausreichend sein. Ebenso finden sich Anforderungen in Krisenintervention, Notfall- und Neuropsychologie sowie Kenntnisse über das Reha-System und über ICF-Grundsätze (Bengel et al., 2014, S.127). In Abschnitt 2.2 werden vier verschiedene Tätigkeitsfelder, sowie dazugehörige Aufgaben und weitere Kompetenzen, von Psychologen, innerhalb der Rehabilitation vorgestellt.

2.2 Psychologische Tätigkeitsfelder in der Rehabilitation

In einer stationären somatisch-medizinischen Rehabilitationsklinik werden Maßnahmen für chronisch-kranke und behinderte Personen angeboten, die u.a. durch Rehabilitationspsychologen, betreut werden. Zur Zielgruppe gehören Erwachsene, die sich primär, wegen eines somatischen Leidens, in der Rehabilitationseinrichtung befinden (Bengel et al., 2014, S.130) Nach Bengel et al. (2014, S.125) haben „20-40% der Patienten in der medizinischen Reha eine indikationsübergreifende psychische Komorbidität.", wie z.B. Angst oder Depression. Durch psychologische Diagnostik ist es Aufgabe der Psychologen zu Beginn eines Rehabilitationsaufenthaltes bei jedem Patienten ein Screening und weitere diagnostische Maßnahmen (z.B. kognitive Leistungstest, psychische Belastungsfähigkeit) durchzuführen, um psychische Komorbiditäten oder psychische Störungen zu diagnostizieren. Je nach diagnostischem Ergebnis plant der Rehabilitationspsychologe, bei Bedarf, psychologische Interventionen in den Rehabilitationsplan des Betroffenen ein. Bei leichten psychosozialen Problemen fallen meist in das psychologische Aufgabengebiet Beratungen, präventive und edukative Maßnahmen (z.b. Vorträge, Seminare), Konflikt- und Problemlösetraining oder Gruppensitzungen. Zeigen sich hingegen stark ausgeprägte psychische Belastungen oder Störungen ist eine Psychotherapie und das Erlernen eines Entspannungsverfahrens indiziert (Wolf-Kühn; Morfeld, 2016, S.59). Bei Notwenigkeit organisiert der Rehabilitationspsychologe auch Gespräche mit Angehörigen und ist zuständig für Supervisionssitzungen mit Kollegen sowie für Fort- und Weiterbildungsmaßnahmen der Mitarbeiter der Rehabilitationsklinik. Außerdem ist die Evaluation, zur Messung der Therapieerfolge, für Qualitätssicherungszwecke ein wichtiges Funktionsfeld. Auch administrative Tätigkeiten, wie die Betreuung statistischer Aufbereitungen und die Dokumentation sowie das Verfassen von Befunden für den ärztlichen Entlassungsbrief fallen regelmäßig an (Bengel; Mittag, 2016, S.6).

Als selbstverständlich wird ein hohes Maß an Sozialkompetenz und Empathie sowie umfangreiches klinisches und medizinisches Wissen vorausgesetzt. Zu weiteren zentralen Kompetenzen gehören die Fähigkeiten in der Diagnostik mit Kenntnissen des psychologischen Instrumentariums, wie Fragebogen- oder Interviewtechnik, Verhaltensbeobachtung, Beratung, Psychotherapie oder Entspannungsverfahren für Einzel- und Gruppeninterventionen. Pädagogisch-didaktische Fähigkeiten für eine kompetente Vermittlung von Informationen, präventiven und edukativen Maßnahmen sowie Erfahrungen im Umgang mit Angehörigen oder Mitarbeitern wird vorausgesetzt. Ein gutes Ausdrucksvermögen, in Wort und Schrift, wird für Gespräche mit Patienten, Angehörigen und Mitarbeitern oder besonders für die Dokumentation verlangt. Umfragen haben ergeben das jede fünfte Einrichtung nur einen Psychologen beschäftigt (Bengel et al, 2014, S.128), wonach sich die geringe Kontakt- und Beratungsanzahl, von maximal 1-3 Sitzungen, während des Rehabilitationsaufenthalts erklärt, die meist dazu ausreicht, die aktuellen Probleme zu erörtern und eine Behandlungsmotivation für die ambulante Weiterbehandlung aufzubauen. Bei psychotherapeutischer Indikation ist es notwendig, dass der Rehabilitationspsychologe, in Absprache mit dem behandelnden Arzt, unmittelbar an die medizinische Rehabilitation, eine entsprechende Nachsorge im ambulanten Bereich für den Rehabilitanden organisiert, wonach sich das nächste psychologische Tätigkeitsfeld ergibt (Bengel et al., 2014, S.126). Ein ambulant niedergelassener Psychologe kann die Weiterbehandlung eines Rehabilitanden in seiner Praxis übernehmen, um das gesundheitsförderliche Verhalten und den Transfer in den Alltag weiter auszubauen (Deck; Theissing, 2016, S.252-253). Die Aufgaben liegen nicht primär in der Diagnostik, da diese meist ausreichend während des stationären Aufenthaltes erfolgt ist und durch den Entlassungsbrief übermittelt wird. Der Funktionsbereich eines Nachsorge-Psychologen liegt hauptsächlich in der Beratung und Psychotherapie sowie in gesundheitsfördernden Maßnahmen zur Unterstützung von Coping, Selbstmanagement, Konflikt- und Suchtverhalten (Wolf-Kühn; Morfeld, 2016, S.64). In Zusammenarbeit mit Angehörigen, Betreuern oder externen Behandlern (z.B. Hausärzte), ist es die Aufgabe des Nachsorge-Psychologen, einen aktiven Austausch und Kooperation unter allen Beteiligten zu gewährleisten, um die Maßnahmen möglichst stabil in das Leben des Patienten zu integrieren.

Auch administrative Tätigkeiten, wie Akten- und Dokumentationspflicht sind unerlässlich sowie die regelmäßige Berichterstattung über den Behandlungsfortschritt gegenüber Kostenträgern oder weiteren Behandlern (Bengel et al., 2014, S.126). Neben den Grundkompetenzen haben Nachsorge-Psychologen zwingend eine Approbation zum psychologischen Psychotherapeuten und zusätzlich noch eine Therapieausbildung, wie z.B. Verhaltenstherapie. Wichtige personale Attribute sind Empathie und Sozialkompetenz, um die Fähigkeiten beratender und therapeutischer Funktionen in Einzel- und Gruppengesprächen übernehmen zu können. Ebenso sollten Erfahrungen im Begleiten von Entspannungssettings sowie edukative und präventiven Maßnahmen vorhanden sein. Ein umfangreiches psychologisches Störungswissen ist Voraussetzung und schließt ebenso diagnostische Fähigkeiten und den Umgang mit Diagnostiksystemen, wie ICD-10 und DSM-IV, mit ein. Ein überdurchschnittliches Ausdrucksvermögen zum Verfassen von Befundberichten ist erforderlich und setzt evaluative Kompetenzen zur Qualitätssicherung über die Wirksamkeit der therapeutischen Arbeit voraus (Watzke, 2006, S.275).

Ein weiteres Arbeitsfeld ist die berufliche Rehabilitation, die Leistungen zur Teilhabe am Arbeitsleben anbietet und Adressaten mit chronischer Krankheit oder Behinderung im erwerbsfähigen Alter, eine Möglichkeit zur Arbeitsaufnahme bietet (Wolf-Kühn; Morfeld, 2016, S.69). Ein potenzieller Arbeitgeber für Psychologen in der beruflichen Rehabilitation ist z.b. ein Berufsförderungszentrum (BFW). Die Aufgaben des psychologischen Fachdienstes liegen in der unterstützenden Betreuung und Beratung in der beruflichen und persönlichen Entwicklung des Rehabilitanden (Watzke, 2006, S.270). Während die beratende Funktion von Rehabilitationspsychologen besonders bei Lern- und Leistungsproblemen, Prüfungsängsten und bei sozialen Schwierigkeiten, wie Konflikte oder persönlichen Problemen greift, können bei „besonderen beruflichen Problemlagen" (BBPL) auch psychotherapeutische Interventionen zum Einsatz kommen, wenn emotionale Belastungen (z.B. Angst), Stress oder Arbeitslosigkeit bestehen (Bengel et al, 2014, S.124). Besonders die diagnostische Arbeit in der Analyse kognitiver, motivationaler und beruflicher Eignung, die Diagnostik von Fähigkeiten und Fertigkeiten des Rehabilitanden, die wichtig für Umschulungs- oder Wiedereingliederungsmaßnahmen sind, gehören zu den zentralen Aufgaben (Fydrich, 2012, S.506). Ebenso gehören zum Aufgabenbereich die aktive Zusammenarbeit und der Austausch innerhalb des interdisziplinären Teams (z.B. Ausbilder, Ärzte, Therapeuten, Trainer). Auch hier hat der betreuende Psychologe die administrative Pflicht alle Gespräche und Abläufe zu dokumentieren sowie bei Bedarf Angehörigengespräche und Mitarbeiterfortbildungen zu initiieren. Neben den Grundkompetenzen sollte der Psychologe über eine empathische Haltung sowie über ein hohes Maß an Sozialkompetenz verfügen. Des Weiteren sind diagnostisch, beratende und psychotherapeutische Fähigkeiten für Einzel- und Gruppengespräche wichtig, sowie Kenntnisse über Störungsbilder, standardisierte Eignungsdiagnostik, Evaluation und Dokumentation (Bengel et al., 2014, S.127).

Das vierte Tätigkeitsfeld beschreibt die Gutachtertätigkeit von Psychologen in der Rehabilitation. Die Auftraggeber können verschiedene Kostenträger, wie z.B. die Deutsche Rentenversicherung (DRV) oder die Bundesagentur für Arbeit, sein. Die Aufgabe des psychologischen Gutachters richtet sich z.B. an Personen, deren psychische Belastungs- und Leistungsfähigkeit untersucht werden soll, um ggf. festzustellen, inwieweit der Betroffene durch seine chronische Krankheit oder Behinderung, dem Arbeitsmarkt zur Verfügung stehen kann. Manchmal ergibt sich auch eine konkrete Fragestellung aus Anträgen für Umschulungsmaßnahmen oder Erwerbsminderungsrenten sowie anderen BBPL, die eine psychologische Einschätzung benötigen. Es ist dann die Aufgabe des Psychologen eine prognostische Aussage über künftiges Verhalten und Erleben von Krankheitszuständen und -verläufen abzugeben und diese zu begründen sowie eine Einschätzung über das Restleistungsvermögen zu treffen (Eid; Petermann, 2006, S.16). Der Psychologe kann mittels klinisch-diagnostischer Verfahren beispielsweise die psychische Belastungsfähigkeit, die psychische Entwicklung, das Leistungsvermögen sowie berufliche Eignung bestimmen. Seine Aufgabe liegt in der qualitativen und quantitativen Beschreibung der vorliegenden psychischen Problematik, der Exploration von besonders lebensgeschichtlichen Bedingungen, der Klassifikation der psychischen Störung nach den Klassifikations- und Diagnosesystemen ICD-10 und DSM-IV, der Beobachtung und Überprüfen des bisherigen Therapieerfolgs und der Veränderung der Symptomatik (Fydrich, 2012, S.504). Die gutachtertätige Arbeit erfordert hohe diagnostische und fachspezifische Kompetenzen und benötigt daher zwingend die Approbation zum psychologischen Psychotherapeuten, auch wenn die Tätigkeit weniger auf psychotherapeutischen Aufgaben beruht, ist klinisches Störungswissen unerlässlich (Bengel et al, 2014, S.129). Wichtig sind auch die professionelle und kompetente Handhabung psychologischer Instrumente, wie Fragebogen- und Interviewtechnik, Testkonstruktion, Eignungsdiagnostik sowie Verhaltensbeobachtung. Auch Kenntnisse im Umgang mit Klassifikationssystemen, wie der ICD-10 oder DSM-IV zum einheitlichen kodieren der Diagnosen. Verlangt wird ebenso ein überdurchschnittliches Ausdrucksvermögen zum Verfassen der psychologischen Gutachten, die an die Auftraggeber, innerhalb einer vorgegebenen Frist, übermittelt werden. Der Gutachter sollte gut zuhören, empathisch sein und hohe Sozialkompetenz gegenüber dem Betroffenen zeigen und ihm eine vorurteilsfreie Haltung vermitteln. Allgemein sind in der psychologischen Arbeit ethische Aspekte, wie die Achtung des Grundgesetzes und die Regelung der Menschenwürde oder das

Recht auf Entfaltung der Persönlichkeit nicht zu vernachlässigen. Außerdem unterliegen Psychologen der Schweigepflicht, wenn sie nicht ausdrücklich von dieser entbunden wurden (Schmidt-Atzert; Amelang, 2012, S.28-29).

2.3 Kurzer Ausblick

Vorliegende Forschungsergebnisse machen deutlich, dass Krankheitsverläufe und Rückkehr zur Arbeit sowie Integration in die Gesellschaft entscheidend von psychischen Prädiktoren abhängig sind und den mannigfaltigen Einsatz und Bedarf an Rehabilitationspsychologen weiter ansteigen lässt (Bengel et al, 2014, S.125). Die bisher klassischen Diplom- Psychologen werden aus Altersgründen aus dem Arbeitsmarkt ausscheiden und durch Bachelor- oder Masterabsolventen ersetzt. Während nach der Deutschen Gesellschaft für Psychologie e.V. (DGP) Masterabsolventen dem Diplom gleichgestellt sind und deren Aufgaben eins zu eins übernehmen, ist es notwendig, ein klar definiertes Aufgabenfeld für Bachelorabsolventen festzulegen, und die große Varianz der psychologischen Praxis in der Rehabilitation, mehr durch präzise Anforderungen, von z.B. Kostenträger, zu standardisieren (Bengel et al, 2014, S.128). Ein Weiterbildungsangebot zum Fachpsychologen für Rehabilitation des Berufsverband Deutscher Psychologinnen und Psychologen e.V. (BDP) macht deutlich, das kompetente Psychologen in der Rehabilitation gebraucht werden (Bengel; Mittag, 2016, S.8).

Teilaufgabe -A3

3.1 Forschung, Themen und Akteure in der Rehabilitation

Während in den 80er Jahren verstärkt Diskussionen wegen begrenzter Fördermöglichkeiten und der defizitären, rehabilitationswissenschaftlichen Forschungsinfrastruktur, in Deutschland, durch die Fachöffentlichkeit, geführt wurden, kam es Mitte der 90er Jahre zu einem Aufschwung in der Rehabilitationsforschung. Im März 1996 wurde von der Deutschen Rentenversicherung (DRV) und dem Bundesministerium für Bildung und Forschung (BMBF) ein Förderschwerpunkt „Rehabilitationswissenschaften" veröffentlicht (Bengel; Koch, 2000, S.20-21). Dieser Förderschwerpunkt erfolgte in einem zweiphasigen- Zeitraum (1998-2002 und 2001-2005) und wurde ab 1998, durch bundesweit, acht regionale rehabilitationswissenschaftliche Forschungsverbünde, mit ca. 150 Forschungsprojekte gefördert (Farin, 2016, S.266). Der Förderschwerpunkt hat „inhaltlich [...] wichtige Ergebnisse beispielsweise [zu] Nutzen und Wirksamkeit von medizinischer Rehabilitation und zur verstärkten Ausrichtung an berufsorientierten Problemen der Rehabilitanden erzielt." (Klosterhuis, Gerwinn & Zwingmann, 2005, S.69). Die gewonnen Erkenntnisse und Ergebnisse werden seit 2005 in einer anschließenden Transferphase, versucht, in Form von Projekten und Workshops, in das Versorgungssystem zu integrieren (Watzke, 2006, S.274).

Im Anschluss an den Förderschwerpunkt „Rehabilitationswissenschaften" folgte der Schwerpunkt „Chronische Krankheiten und Patientenorientierung" von 2008-2015 mit insgesamt 76 Projekten. Seit 2015 ist kein größeres Förderprogramm absehbar. Es besteht die Idee zu einem Förderschwerpunkt „Teilhabeforschung", die jedoch bislang nicht umgesetzt wurde. Die DRV hat, in den letzten Jahren, kleine Förderschwerpunkte, wie z.B. „Wege in die medizinische Reha" oder „Nachhaltigkeit durch Vernetzung", initiiert und viele Einzelprojekte in der Rehabilitationsforschung unterstützt (Farin, 2016, S.266). Weitere wichtige Forschungsthemen sind die „Verbesserung der rehabilitationsspezifischen Diagnostik für eine adäquate Steuerung der Zuweisung und der Rehabilitation selbst" sowie die Notwendigkeit „Assessmentverfahren weiterzuentwickeln, die es ermöglichen, den individuellen Rehabilitationsbedarf bzw. die vorhandene Leistungsfähigkeit zu objektivieren" (Bengel; Koch, 2000, S.23), um effektive

Interventionen anzuwenden. Des Weiteren stellt rehabilitative Unterversorgung durch restriktive Zugangsmöglichkeiten sowie Leistungseinschränkungen und die Verbesserung der Interventionsqualität von Patientenmaßnahmen ein wichtiges Forschungsgebiet dar (Bengel; Koch, 2000, S.23).

Die bereits erwähnten Hauptakteure der Rehabilitationsforschung sind die DRV und das BMBF sowie wissenschaftliche Hochschulen und Universitäten. Weitere Interessengruppen sind Krankenkassen, Dachverbände, weitere Ministerien oder auch die Deutsche Forschungsgemeinschaft (DFG) (Farin, 2016, S.266). Zusätzlich wurden regionale Fördervereine und Forschungsinstitutionen gegründet sowie Stiftungsprofessuren eingerichtet, die aktiv an der Forschung beteiligt sind, wie z.b. die Deutsche Gesellschaft für Reha- Wissenschaften e.V. oder das Netzwerk Reha Forschung in Bayern e.V. u.v.m. (Watzke, 2006, S.274). Bengel & Koch (2000, S.16) nennen die Deutsche Gesellschaft für Rehabilitationswissenschaften (DGRW), die ein unabhängigen Zusammenschluss von Wissenschaftlern aus verschiedenen Bereichen der Rehabilitation bildet und die der Aufgabe nachgeht, wissenschaftliche Kommunikation zu fördern, wissenschaftliche Tagungen zu initiieren und Forschungsprogramme sowie wissenschaftlichen Nachwuchs anzuregen. Zudem gibt es online das Portal REHADAT (www.rehadat-forschung.de), dass ein aktuelles Verzeichnis aller Rehabilitationswissenschaftler(innen) und über Forschungsprojekte und -ergebnisse informiert.

3.2 Forschungsprojekt der medizinischen Rehabilitation

Um Menschen mit chronischer Krankheit oder gar Behinderung, adäquate Rehabilitationsleistungen bieten zu können und ihnen eine selbstbestimmte Teilhabe am Leben zu ermöglichen sowie „Reha vor Pflege" oder „Reha vor Rente" zu realisieren, versucht die Rehabilitationsforschung stetig den Zugang, die Interventionsmaßnahmen und die Nachhaltigkeitsangebote zu optimieren. In einem Forschungsprojekt der medizinischen Rehabilitation, im Zeitraum von 2013 bis 2016, lief unter der Leitung von Prof. Dr. Gutenbrunner der Medizinischen Hochschule Hannover (MHH) und Herr Salman des Ethno Medizinische Zentrum (EMZ) Hannover sowie der DRV- Bund, - Nord, - Rheinland-Pfalz und -Oldenburg-Bremen eine Studie mit dem Thema „Mimi-

Reha: Implementierung und Evaluation eines Info-Angebotes für Migranten zur medizinischen Reha auf Basis der Mimi- Kampagnentechnologie". Der Hintergrund des Projektes basiert auf der geringen und oft spät genutzten Anzahl medizinischer Rehabilitationsmaßnahmen, seitens der Migranten, trotz des vermutlich bestehenden Bedarfs sowie hoher Quoten für Frührentenanträge. Ziel des Projektes war es daher eine muttersprachlich angepasste Informationsleitfaden zu konzipieren, um die Teilhabe an Rehabilitationsleistungen einfacher zu gestalten (DRV,2018). Das methodische Vorgehen basierte auf bestehenden Informationsmaterialien, Interviews und bestimmten Zielgruppen, um ein zielgruppenspezifisches Informationsangebot zu entwickeln, das auch Reha- Zugangsbarrieren berücksichtigt. Im Rahmen des Projektes entwickelten die Wissenschaftler und Institutionen einen Leitfaden in acht verschiedenen Sprachen (Englisch, Griechisch, Italienisch, Russisch, Serbokroatisch, Spanisch, Türkisch) für Migranten in der medizinischen Rehabilitation. Die Broschüre enthält wichtige Informationen rund um das Thema medizinische Rehabilitation der DRV, gibt Tipps und Hilfestellungen zur Antragsstellung, erläutert den Rehabilitationsablauf und nennt nützliche Adressen für weiterführende Informationen. (DRV, 2018).

Das Projekt wurde sogar am 02.Oktober 2015 mit dem European Health Award ausgezeichnet und konnte sich gegenüber fünf weiteren europäischen Projekten durchsetzen. Zusätzlich hat das EMZ in Zusammenarbeit mit der MHH 2016 ein Leitfaden für Berater für Informations- und Beratungsstellen erstellt, der ebenso als praktische Unterstützung dient. Dieses Hilfsmittel ist für die Praxis sehr hilfreich und erleichtert Beratern der DRV oder anderen Institutionen den Umgang mit Migranten, um diese mit notwendigen Informationen über das Reha-System, deren Zugang und Ablauf, in der entsprechenden Fremdsprache, zu informieren und die bisherige Sprachbarriere zu umgehen. Außerdem ermöglicht das Projekt stärkere Teilhabe von Migranten am Reha-Versorgungsgeschehen. Auf der Internetseite des EMZ werden Beratern die praktischen Wegweiser für Migranten sowie Ausfüllhilfen für den Reha-Antrag zur Verfügung gestellt (DRV, 2018).

3.3 Forschungsprojekt der beruflichen Rehabilitation

Für die berufliche Rehabilitation wurde unter dem Titel „Psychische Erkrankungen in der Arbeitswelt und Wiedereingliederung: Mixed- Methods- Follow UP- Studie zu Determinanten einer erfolgreichen Wiedereingliederung aus der Perspektive der Betroffenen – Integration qualitativer und quantitativer Daten" ein Forschungsprojekt im Zeitraum von 2015 bis 2018, unter der Leitung von Frau Dr. Uta Wegewitz der Bundesanstalt für Arbeitsschutz und Arbeitsmedizin (BAuA) durchgeführt. Der Hintergrund der Studie ist, dass psychisch-kranke Menschen, nach langer Arbeitsunfähigkeit, Unterstützung benötigen, um wieder in das Erwerbsleben integriert zu werden (BAuA, 2018). Weikert, Sikora & Stegmann (2018, S.23) geben an, dass „für Deutschland [...] der Übergang von der medizinisch-therapeutischen Behandlung bis hin zur Rückkehr in den Betrieb nur unzureichend wissenschaftlich untersucht [ist]." Das Ziel des Projektes ist daher den Return-to-Work (RTW)-Prozess, aus Sicht der Betroffen, im zeitlichen Verlauf zu untersuchen. Während die quantitative Teilstudie exploriert welche arbeitsbezogenen Determinanten die Reintegration in den Arbeitsmarkt beeinflussen, erfasst die qualitative Studie wie diese Prädiktoren das Verhalten und Handeln der psychisch Erkrankten beeinflussen und wie sich dies auf die Wiedereingliederung in den Arbeitsmarkt auswirkt (Weikert et al., 2018, S.23).

Das methodische Vorgehen ist eine Längsschnittstudie mit einer Gesamtdauer von 18 Monaten mit 300 erwerbsfähigen Rehabilitanden mit psychischer Erkrankung, die für vier Erhebungszeiträume aus fünf Akut- und Rehabilitationskliniken ausgesucht wurden. Die Daten werden in Form eines computergestützten- telefonischen Interviews jeweils am Ende ihrer Rehabilitationsbehandlung, 6, 12 und 18 Monate danach, von den Teilnehmern erhoben. Parallel dazu werden 32 Probanden, mit positiver und negativer RTW-Prognose, zu den Zeitpunkten befragt (Weikert et al., 2018, S.23). Erste vorläufige Ergebnisse messen die Patientensicht am Ende der Rehabilitationsbehandlung und zeigen, dass der RTW- Prozess als schwer von den Betroffenen erlebt wird, aber sie dennoch Motivation zeigen, um zeitnah an ihren Arbeitsplatz zurück zu kehren und das, obwohl sie ihre Arbeit als ursächlich für ihre Erkrankung wahrnehmen. Entlastend finden die meisten Probanden eine stufenweise Wiedereingliederung, mit angepassten Arbeitszeiten und ein gutes

Betriebsklima. Um mehr Handlungssicherheit zu erlangen, wünschen sich die meisten einen offenen Umgang mit ihrer Krankheit und entgegengebrachtes Verständnis von Kollegen und Vorgesetzten. Weitere und ausführliche Ergebnisse werden von den Autoren Weikert et al. (2018, S.24) erst Ende 2018 angekündigt und können bei Interesse bei der BAuA per Mail angefragt werden. Die bisher vorliegenden Ergebnisse zeigen die Perspektive der Betroffenen und sind sehr hilfreich für die Praxis. Die Antworten der Betroffenen unterstützen die Akteure in der Konzeptionierung der RTW-Prozesse, um diese mit hilfreichen Maßnahmen zu gestalten. Laut der bisherigen Ergebnisse sollte in der Praxis auf eine schrittweise Wiedereinführung in den Betrieb, mit angemessenem Arbeitsumfang (z.B. begrenzte Arbeitszeit und Überstundenverbot) und angemessenen Aufgaben sowie auf eine erfolgreiche, soziale Integration am Arbeitsplatz geachtet werden. Ein besseres Verständnis, bei Kollegen und Vorgesetzte, könnte durch Aufklärungskampagnen oder edukativen Schulungen z.B. durch einen Gesundheits- oder Rehabilitationspsychologen, erfolgen, um den Betroffenen zu entlasten und damit handlungsfähiger und selbstbewusster am Arbeitsleben teilhaben zu lassen.

3.4 Forschungsprojekt der medizinisch-beruflichen Rehabilitation

Um die Teilhabe am Arbeitsleben möglichst lange zu erhalten, ist besseres ineinandergreifen von medizinischer und beruflicher Rehabilitation notwendig (Klosterhuis et al., 2005, S.70). Daher ist die Verbreitung der beruflichen Orientierung, bei „besonderen beruflichen Problemlagen" (BBPL) in der medizinischen Rehabilitation wichtig und wurde 2012 in einem medizinisch-beruflichen Forschungsprojekt unter dem Titel: „MBOR- Management: Projekt zur formativen Evaluation einer Steuerung von Patienten mit BBPL in berufsbezogene Therapiekonzepte". von den Wissenschaftlern Dr. Schwarze und Dr. Bethge der MHH sowie, Dr. Neuderth und Dr. Vogel der Universität in Würzburg, im Auftrag der DRV, geleitet (Bethge et al., 2012, S.1). In Abbildung 3 ist eine zusammenfassende Übersicht der Anforderungen an die MBOR-Angebote für Rehabilitanden mit BBPL abgebildet, dass durch Träger oder Einrichtungen als Richtlinie dienen soll und individuell ergänzt werden kann. Das Konzept beschreibt Standards für betriebsorientierte Basismaßnahmen in der medizinischen Rehabilitation (DRV, 2015, S.25).

Zusammenfassende Darstellung der Anforderungen an die MBOR-Angebote für Rehabilitanden mit besonderer beruflicher Problemlage

MBOR-Angebote	Dauer/ Häufigkeit	Anzahl Teilnehmer	Sonstige Voraussetzungen	Rehabilitanden-anteil	Abbildung in der KTL
1) Berufsbezogene Diagnostik	90 min 1-2 x	1 oder Kleingruppe bis 5	Raum zur Testung und Diagnostik	100%	C580, E60, E61
2) Psychosoziale Arbeit in der MBOR	15-45 min 2-5 x	1 oder Kleingruppe bis 5, Gruppe bis 15		100%	C580, D561, D562, D563, D569, D581, D583, D585, D586, D591, D593, D595, D596, E672, F562
3) Berufsbezogene Gruppen	45/60 min 6-10 x	Kleingruppe bis 5, Gruppe bis 15		25-75%	D591, D580, D586, D591, D593, D596, F571, D576?, 64022, 64052, H84
4) Arbeitsplatztraining	120 min pro Woche	1 oder Kleingruppe bis 5, Gruppe bis 15	Vorliegen einer detaillierten Arbeitsplatz- oder Tätigkeitsbeschreibung, Raum zur Testung / zum Training tätigkeitsspezifischer Bewegungsmuster bzw. Modellarbeitsplätze	50-80%	A570, A602, A654, E55, E56, E57, E58, D59
5) Belastungserprobung MBOR	variabel	1 oder Kleingruppe bis 5	Vorliegen einer detaillierten Arbeitsplatz- oder Tätigkeitsbeschreibung, Raum zur Testung und / zum Training tätigkeitsspezifischer Bewegungsmuster, Modellarbeitsplätze oder in Kooperation mit Einrichtungen zur beruflichen Rehabilitation und/oder Betrieben verschiedener Fachrichtung	Abhängig von Indikation und Berufsgruppe	E61, E61, G62, E63
Summe (ohne 5)	11-25 h pro Reha[1]				

Anmerkungen: Dauer und Häufigkeit stellen Mindestangaben dar;
[1] Berechnung auf Basis von Dauer und Häufigkeit bei tatsächlichem Bedarf im Rahmen einer dreiwöchigen Rehabilitation, die Spannbreite ist bedingt durch die individuellen Problemlagen;
[2] nur Psychosomatik/Psychotherapie

Abbildung 3: Anforderungen an die MBOR- Angebote

(Quelle: DRV, 2015, S.25)

Der Hintergrund der Studie ist, das entwickelte Anforderungsprofil der DRV zur MBOR und die darin beschriebenen Anforderungen an Rehabilitationseinrichtungen, die Patienten mit somatischen Indikationen sowie BBPL betreuen, zu untersuchen. Durch die Testung des MBOR- Konzeptes werden Bedarfserkennung, Zuweisung, Durchführung, finanzieller Aufwand, Ergebnisqualität und Patientensicht evaluiert. Das Hauptziel des Forschungsprojektes ist die Ableitung von Empfehlungen für die Anwendung und die Einbettung der MBOR in die Routineversorgung (Bethge et al., 2012, S.3-4). Die Umsetzung des Anforderungsprofils wurde in sieben stationären orthopädischen Rehabilitationseinrichtungen mittels schriftlicher Patientenbefragung zu Beginn, am Ende und drei Monate nach Abschluss der Rehabilitation durchgeführt und extrahierte zusätzlich erbrachte therapeutische Leistungen aus dem ärztlichen Entlassungsbericht. Zudem erfolgten 18 Experteninterviews bei sechs verschiedenen Rentenversicherungsträgern. Es wurde überprüft, wie die Umsetzung der Inhalte und der empfohlene Umfang der Leistungen gelang und welche Effekte mit der Umsetzung einhergingen (Bethge, Löffler & Schwarz, 2014, S.184). Im Rahmen eines Abschlussworkshops wurden die Ergebnisse und Erkenntnisse der Untersuchung in 16 Empfehlungen ausführlich zusammengefasst und zur Weiterentwicklung des Konzeptes ausformuliert (Bethge et al., 2012, S.187-189). In einem Review in der Fachzeitschrift *Die Rehabilitation* schlussfolgern die Wissenschaftler Bethge et al. (2013, S.189-190), dass die Umsetzung des Anforderungsprofils weitgehend erfolgreich umgesetzt wurde und wichtige Standards für den MBOR-Ausbau setzt. Sie empfehlen das Konzept flächendeckend in allen Reha- Einrichtungen zu nutzen und ein kontinuierliches Feedback über den Integrations- und Umsetzungsgrad für Qualitätssicherungszwecke abzugeben. Speziell für Praktiker in der Rehabilitation ist das Anforderungsprofil der DRV ein optimaler Leitfaden, um das Leistungsangebot für Rehabilitanden in der medizinisch-beruflichen Rehabilitation mit BBPL zu standardisieren, indem jeder Rehabilitand das Basisangebot an Leistungen erhält, das durch individuelle Anpassungen, der jeweiligen Reha-Einrichtung, erweitert werden kann. Die Vereinheitlichung der Anforderungen ermöglichen eine bessere Evaluation der Leistungen, die wiederrum als Basis für die Weiterentwicklung des Konzeptes genutzt werden kann. Zudem ist eine Auseinandersetzung mit den 16 Empfehlungen, die aus der wissenschaftlichen Untersuchung hervorgegangen sind, unerlässlich, und bietet eine weitere Möglichkeit das MBOR- Profil zu verbessern.

3.5 Kurzer Ausblick

Die wachsenden Anforderungen an das Versorgungssystem der Rehabilitation, wie z.b. durch eine steigende Lebenserwartung, Zunahme chronischer Krankheiten, Veränderungen von Arbeitsbedingungen und wachsender Leistungsfähigkeit sowie längere Lebensarbeitszeiten, machen eine kontinuierliche wissenschaftliche Überprüfung der bestehenden Rehabilitationsmaßnahmen notwendig. Daher ist in Zukunft, die Weiterentwicklung der Rehabilitation *ohne* Unterstützung der wissenschaftlichen Forschung, einer qualitativen methodischen Vorgehensweise und einer stabilen Forschungsinfrastruktur nicht möglich (Watzke, 2006, S.274).

Literaturverzeichnis

Antonovsky, A. (1997): Salutogenese. Zur Entmystifizierung der Gesundheit. Hrsg. v. Alexa Franke. Tübingen: dgvt Verlag (Forum für Verhaltenstherapie und psychosoziale Praxis, Band 36).

Bundesanstalt für Arbeitsschutz und Arbeitsmedizin (BAuA Hrsg.).(2018). Psychische Erkrankungen in der Arbeitswelt und betrieblichen Wiedereingliederung. 1. Auflage 2018, (S.1-62) in: www.baua.de. URL: https://www.baua.de/DE/Angebote/Publikationen/Berichte/Gd94.pdf?__blob= publicationFile&v=6. Zugriff am: 19.11.2018.

Bengel, J., Gall, H., Grande, G., Küch, D., Mittag, O. & Schmucker, D. et al. (2014). Aus-, Fort- und Weiterbildung "Psychologie in der Rehabilitation". Die Rehabilitation, 53 (2), (S.124-130). Online verfügbar unter: https://www.researchgate.net/profile/Matthias_Morfeld/publication/258445447 _Education_Advanced_and_Further_Training_in_the_Field_Psychology_in_ Rehabilitation/links/54f6f7ac0cf28d6dec9bbee5.pdf. Zugriff am: 13.11.2018.

Bengel, J. & Mittag, O. (Hrsg.) (2016): Psychologie in der medizinischen Rehabilitation. Ein Lehr- und Praxishandbuch: 10 Tabellen. Berlin, Heidelberg: Springer. Online verfügbar unter http://dx.doi.org/10.1007/978-3-662-47972-8.

Bethge, M.; Brandes, I.; Kleine-Budde, K.; Löffler, S.; Neuderth, S.& Schwarz, B. et al. (2012) Abschlussbericht für das Projekt "MBOR-Management - Formative Evaluation der Medizinisch- beruflich orientierten Rehabilitation (MBOR)" im Auftrag der Deutschen Rentenversicherung Bund. unter: http://forschung.deutsche-rentenversicherung.de/ForschPortalWeb/ressource?key=MBOR_Manageme nt_Abschlussbericht.pdf. Zugriff am:09.11.2018.

Bethge, M.; Löffler, S. & Schwarz, B.: (2013) Gelingt die Umsetzung des Anforderungsprofils zur Durchführung der medizinisch-beruflich orientierten Rehabilitation? In: Die Rehabilitation (52. Jahrgang, Heft 3, Juni 2014).(S.184-190). Stuttgart: Thieme 2014. Online verfügbar unter: https://www.thieme-connect.com/products/ejournals/abstract/10.1055/s-0033-1353192. Zugriff am: 18.11.2018.

Deck, R. & Theissing, J. (2016). Nachsorge. In: Bengel, J. & Mittag, O. (Hrsg.). Psychologie in der medizinischen Rehabilitation. (S.251-260). Heildelberg: Springer Verlag.

Deutsche Rentenversicherung Bund. (2015). Medizinisch-beruflich-orientierte Rehabilitation. Anforderungsprofil zur Durchführung der medizinisch-beruflich- orientierten Rehabilitation (MBOR) im Auftrag der DRV, Stand

2015., 4.Auflage (11/2015). (S.1-28). Berlin: DRV Bund. Online verfügbar unter: http://www.deutsche-rentenversicherung.de/cae/servlet/contentblob/207024/publicationFile/50641/mbor_datei.pdf. Zugriff am: 20.11.2018.

Deutsche Rentenversicherung Bund. (2018). Mimi- Reha: Implementierung und Evaluation eines Info-Angebotes für MigrantInnen zur medizinischen Reha auf Basis der „Mimi- Kampagnentechnologie". In: www.deutsche-rentenversicherung.de. (Stand: 2018). https://www.deutsche-rentenversicherung.de/Allgemein/de/Inhalt/3_Infos_fuer_Experten/01_sozial medizin_forschung/03_reha_wissenschaften/03a_forschungsprojekte/projekt e_widr/forschungsschwerpunkt_mimi_widr.html. Zugriff am: 19.11.2018

Ebersberger, S. (2009). Was stärkt die Gesundheit im Betrieb? Interventions- und Handlungsmöglichkeiten salutogenetischer Prinzipien. Online verfügbar unter: www.sabineebersberger.de/wp-content/uploads/2009/05/salutogenese_bgf.pdf., Zugriff am: 28.10.2018.

Eid, M. & Petermann, F. (2006). Aufgaben, Zielsetzungen und Strategien der Psychologischen Diagnostik. In F. Petermann & M. Eid (Hrsg.), Handbuch der Psychologischen Diagnostik (S.15-25). Göttingen: Hogrefe.

Faltermaier, T. (2009). Geseundheit: körperliche, psychische und soziale Dimensionen. In: Bengel, J. & Jerusalem, M. (Hrsg.), Handbuch der Gesundheitspsychoogie und Medizinischen Psychologie. (S.46-57). Göttingen: Hogrefe.

Fydrich, T. (2012). Diagnostik in der Klinischen Psychologie. In L. Schmidt-Atzert & M. Amelang (Hrsg.), Psychologische Diagnostik (S.503-535). Heidelberg: Springer Medizin Verlag.

Altgeld, T. & Kolip, P. (2014). Konzepte und Strategien der Gesundheitsförderung. In: Hurrelmann, K.; Klotz, T.; Haisch, J. (Hrsg.): Lehrbuch Prävention und Gesundheitsförderung. 4., vollständig überarbeitete Auflage. (S.45-56). Bern: Verlag Hans Huber.

Klosterhuis, H.; Gerwinn, H. & Zwingmann, C. (2005). Umsetzung von Forschungsergebnissen in die Rehabilitationspraxis und Effekte auf den Ausbau und die Stabilisierung der rehabilitationswissenschaftlichen Infrastruktur aus der Sicht der Rentenversicherung. Rehabilitation 2005; 44 (S.69-76). Stuttgard: Georg Thieme Verlag KG. Online verfügbar unter: https://www.researchgate.net/publication/248874987_Umsetzung_von_Forsc hungsergebnissen_in_die_Rehabilitationspraxis_und_Effekte_auf_den_Ausb au_und_die_Stabilisierung_der_rehabilitationswissenschaftlichen_Infrastrukt ur_aus_der_Sicht_der_Rentenversicher/download. Zugriff am: 11.11.2018.

Linden, M. & Weig, W. (Hrsg.) (2009): Salutotherapie in Prävention und Rehabilitation. Mit 20 Tabellen. Köln: Dt. Ärzte-Verl. (Rehabilitation).

Nowik, D.; Bergmann, J.; Markin, K.; Reißmann, L.; Salman, R. & Gutbrunner, C.;(2017). Veränderungen subjektiver Zugangsbarrieren und Antragsintentionen zur Rehabilitation von MigrantInnen- Abschließende Ergebnisse aus Mimi-Reha. Online verfügbar unter: https://www.researchgate.net/publication/315669429_Veranderungen_subjek tiver_Zugangsbarrieren_und_Antragsintention_zur_Rehabilitation_von_Migra ntInnen_-_Abschliessende_Ergebnisse_aus_MiMi-Reha. Zugriff am: 10.11.2018.

Reimann, S. (2006). Ressourcenorientierte Ansätze. In B., Renneberg & P.,Hammelstein. (Hrsg.), Gesundheitspsychologie (S.13-17). Heidelberg: Springer Medizin Verlag.

Schmidt-Atzert, L. & Amelang, M.; Fydrich, T. (2012): Psychologische Diagnostik. Mit 82 Tabellen. 5., vollständig überarbeitete und erweiterte Auflage. Berlin: Springer (Springer-Lehrbuch).

Statistisches Bundesamt. (2014). Verzeichnis der Krankenhäuser und Vorsorge- oder Rehabilitationseinrichtungen in Deutschland: Statistisches Bundesamt.

Watzke, S. (2006). Rehabilitation. In: Renneberg, B. & Hammelstein, P. (Hrsg.), Gesundheitspsychologie (S.265-277). Heidelberg: Springer Medizin Verlag.

Weikert, U.; Sikora, A.; & Stegmann, R. (2018). Mixed-Methods-Follow-up-Studie zu Determinanten einer erfolgreichen Wiedereingliederung aus der Perspektive der Betroffenen (S.23-24). In BAuA (Hrsg.) "Psychische Erkrankungen in der Arbeitswelt und betriebliche Wiedereingliederung". unter: https://www.baua.de/DE/Angebote/Publikationen/Berichte/Gd94.pdf?__blob= publicationFile&v=6. Zugriff am: 17.11.2018.

Wolf-Kühn, N.& Morfeld, M. (2016): Rehabilitationspsychologie. 1. Auflage. Wiesbaden: Springer (Basiswissen Psychologie). Online verfügbar unter http://dx.doi.org/10.1007/978-3-531-93133-3.